www.ingramcontent.com/pod-product-compliance
Lightning Source LLC
LaVergne TN
LVHW010423070526
838199LV00064B/5392
9789358726992

جدید مغربی تنقید:
متن کے مختلف رجحانات

یاسمین طاہر سردار

© Yasmeen Tahir Sardar
Jadeed Maghribi Tanqeed : Matan ke mukhtalif Rujhaanaat
by: Yasmeen Tahir Sardar
Edition: June '2024
Publisher :
Taemeer Publications LLC (Michigan, USA / Hyderabad, India)

ISBN 978-93-5872-699-2

مصنف یا ناشر کی پیشگی اجازت کے بغیر اس کتاب کا کوئی بھی حصہ کسی بھی شکل میں بشمول ویب سائٹ پر اَپ لوڈنگ کے لیے استعمال نہ کیا جائے۔ نیز اس کتاب پر کسی بھی قسم کے تنازع کو نمٹانے کا اختیار صرف حیدرآباد (تلنگانہ) کی عدلیہ کو ہو گا۔

© یاسمین طاہر سردار

کتاب	:	جدید مغربی تنقید : متن کے مختلف رجحانات
مصنف	:	یاسمین طاہر سردار
جمع و ترتیب / تدوین	:	اعجاز عبید
صنف	:	غیر افسانوی نثر
ناشر	:	تعمیر پبلی کیشنز (حیدرآباد، انڈیا)
سالِ اشاعت	:	۲۰۲۴ء
صفحات	:	۳۲
سرورق ڈیزائن	:	تعمیر ویب ڈیزائن

فہرست

تعارف

(۱) روسی ہیئت پسندی(Russian Forlism)

(۲) ترجیحات واشتراک

(۳) نئی تنقید(New Criticism)

(۴) نئی تنقید کے نظریات

(۵) نئی تنقید پر اعتراضات

(۶) شکاگو ناقدین(Chicago Critics)

(۷) شکاگو ناقدین کے تنقیدی نظریات

(۸) اسلوبیاتی تنقید(Stylistic Criticism)

(۹) اسلوبیاتی تنقید کے نظریات

(۱۰) ساختیات(Structualism)

(۱۱) ساختیات کے اُصول و قوانین

(۱۲) ساختیاتی تنقید پر اعتراضات

(۱۳) پس ساختیات(Post-Structuralism)

(۱۴) پس ساختیاتی تنقید کے رجحانات

(۱۵) ردِ تشکیل(De-Construction)

(۱۶) ردِ تشکیل کے اُصول و نظریات

(۱۷) جدیدیت(Modernism)

(۱۸) جدیدیت کے نظریات

(۱۹) مابعد جدیدیت(Post-Modernism)

(۲۰) مابعد جدیدیت کی فکری صورتِ حال

(۲۱) حوالہ جات

تعارف

تنقید منطق کی طرح ہر علم و فن کی تشکیل و تعمیر میں شریک ہے بلکہ وجدان اور جمال کے جن گوشوں تک منطق کی رسائی نہیں ہے۔ تنقید وہاں بھی پہنچتی ہے تنقید صرف ادب پیدا کرنے والوں کے احساسات اور تجربات کی توضیح کی پابند نہیں ہوتی بلکہ تنقید کرنے والے کے سماجی ماحول اور ذہنی اُفتاد کی مظہر بھی ہوتی ہے۔

تخلیق کو کیسا ہونا چاہیے؟ شاعری کے دائرہ کار کیا ہیں معاشرہ ادیب سے کیا مطالبات کرتا ہے؟ یہ وہ تمام سوالات ہیں جنھیں مختلف امور میں مختلف نظریات کے حامیوں نے اُصول و نقد متعارف کرائے ہیں۔ مطالعہ کریں مغرب میں تنقید کے مختلف رجحانات کی روشنی میں متن کو پڑھنے کے مختلف طریقے۔ روسی ہیئت پسندی، نئی تنقید، شکاگو ناقدین، اسلوبیاتی تنقید، ساختیات، پس ساختیات، ردِ تشکیل، جدیدیت، مابعد جدیدیت۔

روسی ہیئت پسندی (Russian Forlism)

بیسویں صدی کی دوسری دہائی میں روسی ہیئت پسند ناقدین نے ادب کا مطالعہ ہیئت پر توجہ صرف کرتے ہوئے کیا۔ ہیئت پسند یہ نہیں کہتے کہ ادب کیا

ہے؟ بلکہ وہ کہتے ہیں سوال یہ ہے کہ ادب کو کیسا ہونا چاہیے؟

رومن جیکب سن (Roman Jakobson) جس نے ۱۹۱۵ء میں ماسکو لنگوسٹ سرکل کی بنیاد رکھی۔ ۱۹۱۶ء میں پیٹروگراڈ میں شعری زبان کے مطالعے کے لیے ایک سوسائٹی قائم ہوگئی تھی جس کے پیش رو روسی ہیئت پسند وکٹر شکلوسکی (Victor Shaklovski) ہے۔ ان دونوں گروہوں کا ایک دوسرے کے ساتھ رابطہ تھا۔ ان کے مطالعہ میں کہیں ترجیحات اور کہیں اشتراک پایا جاتا ہے۔ روسی ہیئت پسندوں کے اغراض و مقاصد کے متعلق ڈاکٹر سلیم اختر لکھتے ہیں:

"وہ صرف اِس اَمر کا مطالعہ کرنا چاہتے تھے کہ ادب پارے کے متن میں مخصوص تعمیراتی اُصول یا بناوٹ کے طریقہ کار کیا کیا ہیں؟ اور یہ متن کو کیسے ایک مربوط کل کی صورت میں ڈھال دیتے ہیں؟ اِس تلاش میں وہ پہلے ادب پارے کے نظام تک آئے اور پھر بالآخر ساخت کے تصور تک آ پہنچے۔"(۱)

ترجیحات و اشتراک

۱- ماسکو لنگوسٹکس سرکل والے شعری زبان اور عام بول چال کے فرق پر زور دیتے ہیں۔

۲- پیروگراڈ والے ادبی مورخ تھے وہ لنگوسٹکس پر ضرورت سے زیادہ انحصار کے بجائے ادبی اظہار کے اپنے اُصول کیا ہیں پر نظر رکھتے ہیں۔

مندرجہ بالا دونوں گروہ ادب کے مطالعے کو معروضی اور کسی حد تک سائنسی بنانے

کی کوشش میں مصروف تھے:

* اچھی تخلیق وہ ہے جو ابہام کی دھند میں ملفوف ہو۔ جس کے تحت شاعر تجربے کی پیچیدگی کا احاطہ کرتا ہے۔

* ہیئت پسند نقطہ نظر کے تحت تمام زبانوں کو مسخ کیا جا سکتا ہے۔

* ہیئت پسندوں نے ادبی نظریہ سازی کی اور ادب کا میکانکی نظریہ پیش کیا کہ ادب اسلوبی وسائل اور پیرایوں پر مشتمل ہے۔

* فن اشیاء میں ہیئت پسند کلاسیکل آدرش کو چیلنج کرتا ہے جس کے تحت فن اپنی تکنیک کو ظاہر نہیں کرتا۔

* آرٹ حقیقت کی فطری ترجمانی کرتا ہے جبکہ ہیئت پسندوں کے نزدیک اپنے آپ کو دھوکا دیتا ہے۔

* فن پارہ ایک نشان ہے جو کہ نشانات سے بنا ہوا ہے اور سٹرکچر میں فن پارے کا مرکزی نقطہ قرار پاتا ہے۔ یہی ٹھوس فن، فن پارے کو جمالیاتی شے بناتی ہے۔

* شکلووسکی اجنبیانے کے عمل کی توجیہ کرتے ہوئے کہتا ہے کہ ایک نئی ہیئت ایک نئے مواد (Content) کی وضاحت کے لیے نہیں آئی بلکہ اُس کا محرک پرانی ہیئت کو بدلنا ہوتا ہے جو اپنی فنی خصوصیات کھو بیٹھتی ہے۔

* فن پارہ ادبی نشوونما میں ایک ارفع و اعلیٰ سٹرکچر ہے اور جمالیاتی مظہر ہے۔

نئی تنقید(New Criticism)

نئی تنقید کا لفظ (Joe L.E. Spingarn) ۱۹۱۰ء میں کولمبیا یونیورسٹی میں ایک متنازعہ لیکچر کے دوران استعمال کیا تھا جس کا عنوان ہی New Criticism تھا لیکن نئی تنقید کا باقاعدہ تعارف جان کرو رینسم (John Cromeransom) نے ۱۹۴۱ء میں اپنی کتاب The New Criticism میں کرایا۔

ولارڈ تھراپ نے بڑے احترام کے ساتھ نئی تنقید کے بانیوں میں آئی اے رچرڈز، ٹی ایس ایلیٹ، ولیم ایمپسن اور ایوروِنٹر کے نام لیے ہیں اور اُنھیں "نو تنقید" کے چار ستون قرار دیا ہے۔ نئی تنقید کو پروان چڑھانے والوں میں کلینتھ بروکس(Cleanth Brooks) ایلین ٹیٹ(Aleen Tate) رابرٹ پین وارن (Robert Pann Warren) ڈبلیو کے ومساٹ(W.K. Wimsatt) کے نام قابلِ ذکر ہیں لیکن ان سب کے تنقیدی نقطہ نظر میں اختلاف کی وجہ سے نئی تنقید کا کوئی کلیہ قائم نہیں کیا جاسکتا۔

ڈاکٹر حامد کاشمیری نئی تنقید کی خوبی بیان کرتے ہیں:

"یہ فن کو مرکز توجہ بنانے کی سعی کرتی ہے۔ اِس سے فن کی تفہیم و تحسین کے لیے نئے تناظر فراہم ہوتے ہیں۔"(۲)

نئی تنقید کے نظریات

* شاعری کو محض شاعری ہی سمجھا جائے اِس سے کسی قسم کے اخلاق کی توقع نہ کی جائے۔

* تخلیقات کو تجزیاتی اور تقابلی عمل سے گزرنا چاہیے تا کہ ادیب کے پیش کردہ ابہام رمز و ایمائیت، تمثیل، علامت اور تشبیہات و استعارات کی وضاحت ہو سکے۔

* نئی تنقید نے متن کے گہرے مطالعے پر زور دیا ہے اور کہا ہے کہ پلاٹ اور کہانی سے زیادہ اسلوب کو اہمیت دی جاتی ہے۔

* نئی تنقید نے لفظ اور معنی کی دوئی کا خاتمہ کیا ہے کہ معنی جسم ہے اور لفظ روح لہٰذا دونوں کا مطالعہ الگ الگ نہیں کیا جا سکتا۔

* نئی تنقید نے ادیب کے سوانحی اور سماجی پس منظر کو کوئی اہمیت نہیں دی کہ تخلیق کے وجود میں آ جانے کے بعد ادیب کا اِس سے کوئی تعلق نہیں رہتا۔ وہ عام طور پر تخلیق کی ظاہری ساخت اور اِس کے اندرونی تسلسل کا مطالعہ کرتے ہیں۔ کسی صفحے پر لگا ہوا متن اپنی ساخت میں خود اپنے تئیں مطالعے کا ایک موضوع ہے۔

نئی تنقید پر اعتراضات

* شکاگو مکتبہ فکر نے اعتراض کیا کہ 'نو تنقید، ادبی متن پر زور دیتی ہے۔ متن کا جزوی مطالعہ کرتے ہیں۔ تنقید کا کوئی فلسفہ نہیں پیش کرتے۔

* نئی تنقید شاعری خصوصاً مختصر غنائیہ نظموں کی تفہیم و تعبیر تک محدود رہی

ہے۔ یہ تنقید طویل نظموں اور نثری مطالعے سے قاصر ہے۔

* نئ تنقید کا مطالعہ متن کی (Close Reading) تک محدود ہے۔ اس کی توجہ صرف لفظی خوبیوں اور الفاظ کے اندرونی تعلق پر رہی ہے۔ جس کی وجہ سے فن پارے میں کوئی رائے سامنے نہ آسکی اور فن کار کی حیثیت ایک بیگانے کی ہو گئی۔

نارتھ روپ فرائی نے اعتراض کیا ہے:

"نئے ناقدین ابہام، تماثیل اور علامات کی مدد سے حتی المقدور معانی کی کشید پر زور دیتے ہیں... ناقدین کا کام محض ان معانی کو کشید کرنا نہیں جو بوقت تخلیق ادیب کو معلوم ہے بلکہ ناقد تو وہ معنی بھی اخذ کرتا ہے جس سے ادیب بذاتِ خود بھی آگاہ نہ تھا۔"(۳)

رولاں بارتھ نے بھی نئ تنقید کے تصور پر اعتراض کیا ہے:

"نئ تنقید کے تصور میں پایا جانے والا معصوم قاری حقیقتاً وجود ہی نہیں رکھتا، نئ تنقید کے پیش کردہ متن یا مواد کی حقیقت کو ڈھونڈنا بھی کم و بیش بعید از قیاس ہے۔"(۴)

۱۹۴۰ء اور ۱۹۵۰ء کے درمیان 'نئ تنقید، کو امریکہ میں سخت مخالفت کا سامنا کرنا پڑا، ۱۹۶۰ء تک یورپ اور امریکہ میں نئ تنقید کے رجحانات رائج رہے لیکن نئ تنقید پر اعتراضات کے ضمن میں اِس میں تنقید ایک نیا گروپ 'شکاگو ناقدین، کے نام سے سامنے آیا۔

شکاگو ناقدین(Chicago Critics)

نئی تنقید کے اختتام پر ناقدین کا ایک اور گروپ سامنے آیا۔ اِس گروپ کا تعلق شکاگو سے تھا یہی وجہ ہے تاریخ میں یہ 'شکاگو ناقدین، کے نام سے پہچانی گی۔ ان ناقدین کا مرکزی خیال توریئنئم کے خیالات کا ہی حامی تھا لیکن اُنھیں نئی تنقید کے بعض خیالات اور ادبی تشریحات سے اتفاق نہ تھا تو یہ ایک ردِ عمل کی حیثیت سے متعارف ہوئے۔

شکاگو ناقدین کو تحریک کی حیثیت تو نہ مل سکی پھر بھی یہ اپنے زمانے میں اہمیت کے حامل ٹھہرے۔ اِس تنقید کا اہم رُکن آر ایس کرین (R.S. Crane) ہے۔ اِس اسکول کے اُصول و نقد کو اُن کے چار ساتھیوں جن میں Eden Domolsom, W.R. Keast, Richard Mekean, Norman Macleans نے استوار کیا۔ آر ایس کرین (R.S. Crane) کی مرتب کردہ کتاب "Critic and Criticism" کرین کے مقدمے کے ساتھ ۱۹۵۲ء میں شائع ہوئی۔ اِس کتاب میں آر ایس کرین اور متذکرہ بالا چار ناقدین اور اُن کے ساتھ بارڈیئزگ کے مضامین شامل ہیں۔ اِن مضامین میں تو ناقدین پر سخت حملے کیے گئے ہیں۔ اِس کتاب میں فلسفیانہ وضاحت اور دور رس تنقیدی مباحث بھی ملتے ہیں۔

شکاگو ناقدین کے تنقیدی نظریات

* شکاگو ناقدین نے ادبی تخلیق کی مجموعیت (Wholeness) اور ساخت کی یکجہتی پر زور دیا، اُن کے نزدیک ادبی تخلیق کا کسی ایک رُخ سے مطالعہ ناقص اور گمراہ کن ہوتا ہے۔

* شکاگو ناقدین نے متن کو اہمیت دی لیکن نئی تنقید کے باقی تمام نظریات رد کر دیے۔

* شکاگو ناقدین نے فن پارے کے لفظ بہ لفظ، صفحہ بہ صفحہ مطالعے پر زور دیا ہے۔

* شکاگو ناقدین نے اپنے تجزیوں میں ہیئت اور ساخت کے علاوہ تخلیق کے دوسرے عناصر کو بھی پیشِ نظر رکھا اور مجموعی حیثیت سے فن پارے کا تجزیہ پیش کیا۔

* شکاگو ناقدین تخلیق کی اہمیت و انفرادیت اِس کے تخلیقی وجوہ کو سامنے رکھ کر طے کرتے ہیں۔

اسلوبیاتی تنقید (Stylistic Criticism)

ارسطوئی دبستان کے ناقدین اسلوب کو بہت سے عناصر سے ملی جلی چیز خیال کرتے ہیں۔ اُن کے نزدیک جتنی طرح کی تحریریں ہوں گی۔ اُتنی ہی طرح کے اسلوب قائم ہوں گے۔

اسلوب بالعموم کسی مصنف کے استعمال زبان کے ایک پر تاثیر مطالعہ کا نام ہے۔ اسلوبیات کا وجود جدید لسانیات کے ساتھ قائم ہو گیا تھا۔ اسلوبیات کا استعمال ماہر لسانیات (Sanssure) کے شاگرد فرانسیسی ماہر اسلوبیات چارلس بیلے کی دین ہے۔

Leo Spitzee نے لسانیات اور ادبی تاریخ کے درمیانی خلا کو پر کرنے کے لیے اسلوبیات کا استعمال کیا۔ اِس لیے جدید لسانیات کا ایک سرا تاریخی لسانیات اور دوسرا عملی تنقید سے ملا ہوا ہے۔ گراہم باگ کا کہنا ہے:

"اسلوبیات دراصل زبان کا مطالعہ ہے۔ سوال صرف یہ ہے کہ زبان کا مطالعہ کس طرح کیا جائے۔ لسانیات اب خود ایک آزاد مضمون ہے اور ادبی مطالعہ سے اِس کا تعلق پیدا کرنا آسان نہیں ہے۔ اِس کے بہت سے متعلقات ادب سے غیر متعلق ہیں اور اِس کے بعض طریقہ کار کو ادبی مطالعہ کرنے والوں نے ناپسندیدہ قرار دیا ہے لیکن اِسے قطعاً غیر متعلق بھی قرار نہیں دیا جاسکتا۔ زبان کے مطالعے اور ادب کے مطالعے کے اُفق واضح طور پر مشترک نہیں اور اسلوبیات اِس کی سرحد ہے۔"(۵)

اسلوبیاتی تنقید کے نظریات

* زبان ایک فکر اور سوچ کا لبادہ ہے جس کو اسلوب کی مدد سے تراشا جاتا ہے اور عصرِ حاضر کے مطابق لباس پہنایا جاتا ہے۔

* تنقید کا مقصد درست قواعد لکھنے پر زور دینا نہیں، نہ ہی کوئی ضابطہ بندی قائم کرتا ہے بلکہ جو کچھ کہا گیا ہے جس طرح کہا گیا ہے۔ اس کو سمجھنا ہے۔

* ایک جملہ مختلف اوّقات میں قاری پر مختلف اثرات مرتب کرتا ہے۔ اسلوبیاتی مطالعے کا نقاد اپنے مزاج اور پسند کے مطابق زبان کے استعمال کے بے شمار پہلوؤں میں سے کسی ایک پہلو پر زیادہ زور دے سکتا ہے۔ وہ ایک ہی چیز کے مطالعہ میں مختلف اور متضاد نتائج بھی اخذ کر سکتا ہے۔

* اسلوبیاتی مطالعے میں زبان کے قواعد Grammatical Pictureاور معنوی ساخت Structure Meaning کی زیادہ اہمیت ہے یعنی عوام قواعد کو شاعر نے کس طرح استعمال کیا یا تبدیل کیا ہے؟ مبتدا اور خبر کا انداز کیا ہے؟ فعل اور اسم کس طرح استعمال ہوتے ہیں؟ کیونکہ اگر افعال زیادہ ہوں گے تو ترسیل بھی زیادہ ہو گی۔ اگر اسمیت زیادہ ہے تو جوش اور شدت کی بہتات ہو گی۔ اِس طرح سے شعر کے اندر تشبیہات، استعارات، علامات، اشارے، کنائے حسن تعلیل، لف ونشر اور دوسرے شعری محاسن کا احاطہ کیا جاتا ہے لیکن ان سب کے باوجود شارب ردولوی کہتے ہیں:

"اسلوبیاتی مطالعہ کسی فن پارے کا بہت محدود اور یک رُخا مطالعہ ہے جو تخلیق کے صرف ایک رُخ کو روشن کرتا ہے، وہ مجموعی حیثیت سے فن پارے کی قدروں سے بحث نہیں کرتا، اور ادب اور ادیب کے بجائے صرف متن اور زبان تک محدود رہتا ہے۔"(٦)

ساختیات(Structualism)

۱۹۶۰ء کے قریب ساختیات کی ابتداء ہوئی۔ ساختیات باقاعدہ تحریک نہیں بلکہ اِس کی حیثیت ایک طریقہ کار کی ہے۔ ساختیات نے نئے اندازِ فکر کے ساتھ زبان کی ماہئیت، ادیب کی شخصیت اور معنی و حقائق کے جامد خیالات کو رَد کرتے ہوئے معنی خیز سوالات پیدا کیے ہیں۔ صفیہ عباد لکھتی ہیں:

"ساخت کا احساس ارسطو کے زمانے سے ہی کسی نہ کسی طور پر موجود رہا ہے۔ گو ہر زمانے میں اِس سے متعلق تصورات مختلف رہے ہیں۔ پیاجے (Piget) کے نزدیک ریاضی، منطق، طبیعات، حیاتیات اور سماج علوم میں ساخت کا تصور ایک مدت سے رائج ہے۔"(۷)

مشہور ماہر لسانیات ڈی سوئسر (De Saussure) نقاد رولاں بارتھ (Roland Barthe) اور سوتین تودوروف (Tzuetan Todorov) نے ساختیاتی مطالعہ کو اُصول و قوانین دیئے۔

ماہر لسانیات لیوی سٹراس (Levil Stranss) نے اشارہ (sign) کے اُصولوں کے تعین اور اِس کے عمل پر روشنی ڈالی۔ ساختیات پر لیوی سٹراس کی مشہور کتاب "Stracturale Anthrologic" ۱۹۵۸ء میں پیرس میں شائع ہوئی۔ ترسیل و ابلاغ کے مراحل میں اشارہ (sign) اہم فریضہ انجام دیتا ہے اور اشارے کے معنی متعین رہتے ہیں مثلاً سرخ رنگ ٹھہرنے کا اشارہ ہے اور سبز رنگ چلنے کا، لیکن لسانیاتی ساخت میں اشارہ کا کام سچ کو سچ اور جھوٹ کو جھوٹ ثابت کرنا

نہیں ہے۔ یہ ایک یک طرفہ عمل ہے۔ اس لیے وہ ضروری نہیں قرار دیتے کہ سرخ رنگ رُک جانے اور سبز رنگ چلنے کی علامت ہے۔اِس کے معنی مختلف بھی ہو سکتے ہیں۔

ساختیات کے اُصول و قوانین

* ساختیات کسی بھی تہذیبی حقیقت کو signification کے ایک نظام کا نتیجہ سمجھتی ہے۔
* ساختیات انسانی روایات اور سماج سے اب تک کی وابستگی کے نقطہ نظر کو رَد کرتا ہے۔
* اَدب حقیقت کا عکس یا ادیب کی شخصیت کا آئینہ دار نہیں ہوتا۔
* اَدب میں کوئی لفظ یا ہیئت متبادل لفظ یا ہیئت کے انتخاب کے امکانات سے خالی نہیں ہوگا اور اِس طرح کے متبادل لفظ یا ہیئت اِس کے معنی پر اثر انداز ہو سکتے ہیں یا اِس سے بالکل مختلف بھی پیش کر سکتے ہیں۔
* ہر متن کی حیثیت ایک مخصوص محاورۂ زبان کی ہے جسے اَدب کی شعریات سے تعبیر کیا گیا ہے۔
* کسی اشارے کے خود کوئی معنی نہیں ہوتے، اِن کے معنی کا تعین اُن کی مجموعی ساخت سے ہوتا ہے۔ جہاں اُن کو استعمال کیا گیا ہے۔
* لفظ محض نشان ہے خواہ تحریر میں لایا جائے یا بولا جائے۔ نشان سے مراد

صرف لفظ ہی نہیں بلکہ کوئی بھی شے یا مظہر ہے جس کی بدولت ثقافت میں ترسیل کا کام لیا جاتا ہے مثلاً تصویر یا شکل وغیرہ خواہ وہ فطری ہو یا مصنوعی جب ترسیل کے لیے استعمال کی جاتی ہے۔ تو وہ نشان ہے۔

* ساختیات میں متن تشریح و تعبیر کا سرچشمہ نہیں ہوتا، بلکہ قاری اِس کی مناسب تشریح و تعبیر کرتا ہے۔

رولاں بارتھ لکھتے ہیں:

"انسانی ذہن معنوں کی پہچان کا ایک وسیلہ ہے اور وہ خود بخود معنی پیدا کرنے کی صلاحیت نہیں رکھتا۔"(۸)

ساختیاتی تنقید پر اعتراضات

شارب ردولوی نے اپنی کتاب 'آزادی کے بعد دہلی میں اُردو تنقید، پر مندرجہ ذیل اعتراض کیے تھے:

* ساختیاتی ناقدین اَدب کو حقیقت کا عکس یا ادیب کی شخصیت کا آئینہ دار نہیں سمجھتے۔

* ساختیاتی تنقید اَدبی تخلیق کو صرف الفاظ کی ترتیب، جملوں کی ساخت یا الفاظ کے پیچ و خم سے نکلنے والے معنی اور مفاہیم تک محدود رکھتا ہے۔

* ساختیاتی نقاد مختلف چیزوں کی نشاندہی کر کے متضاد معنی اخذ کرتے ہیں اِس طرح اصل مواد پس پشت چلا جاتا ہے۔

ڈاکٹر سلیم اختر کا موقف ہے کہ:

"ساختیاتی تنقید میں زبان کے مطالعہ کو مرکزی حیثیت حاصل ہے۔ اسی لیے زبان کے مباحث کے حوالے سے اَدب پاروں کو سمجھنے کی ہر ممکن کوشش میں ساختیات میں مدد لی جا سکتی ہے لیکن یہ کوشش محض تشبیہات و استعارات یا صنائع بدائع کی تفہیم کے لیے نہ ہو گی بلکہ اِن کے ظاہری مفہوم کی سطح سے نیچے اُتر کر جہت در جہت معانی کی جستجو میں اِس سے کام لیا جا سکتا ہے۔"(۹)

پسِ ساختیات (Post-Structuralism)

ساتویں دہائی کے آخر میں ساختیات کی جگہ پس ساختیات نے لینا شروع کی۔ پس ساختیات کا اثر پہلے امریکہ میں ہوا اور بعد میں برطانیہ میں۔ امریکہ میں پس ساختیات کو اُن لوگوں نے سراہا جو امریکی نیو کریسٹزم (نئی تنقید) کی معروضیت سے نجات کی راہ چاہتے تھے۔ برطانیہ میں پس ساختیات فکر کو ریڈیکل اور سیاسی قوت کے طور پر دیکھا گیا ہے۔

ساختیات کی سائنسی معروضی توقعات کو پس ساختیات رَد کرتی ہے۔ انسانی نظام نشانات کے رازوں پر قدرت پانے کا جو عزم ساختیات نے کیا تھا وہ حد درجہ قوت مندانہ تھا لیکن پس ساختیات نے ایسے دعوؤں کی حوصلہ شکنی کی ہے۔ پس ساختیات فکر کو پروان چڑھانے میں پانچ شخصیات قابلِ ذکر ہیں۔ رولاں بارتھ، ژاک دریدا، ژاک لاکاں، جولیا کرسٹیوا اور مشل فوکو۔ ان ناقدین کی تنقیدات کی

روشنی میں جو نظریات سامنے آئے ہیں حسب ذیل ہیں۔

پس ساختیاتی تنقید کے رجحانات

* پہلے سے طے شدہ معنی خیز ہے کیونکہ اِس سے متن مقید ہو جاتا ہے۔
* زبان صاف ستھرا شفاف میڈیم نہیں ہے جس کے ذریعے سچائی یا حقیقت کو جوں کا توں بیان کیا ہے۔
* ادیب متن اور قاری کا رشتہ لطف و نشاط، لذت اور شہوانی نوعیت رکھتا ہے۔ جسم، جسم سے بات کرتا ہے۔ لذت کا یوں احساس ہوتا ہے کہ وجود کی آخری حد تک کسی شے نے جھنجھوڑ کر رکھ دیا ہے۔ کچھ لے لیا ہے؟ کچھ دے دیا ہے۔
* ہر فن پارہ اپنے ثقافتی اور ادبی نظام کی پیداوار ہوتا ہے۔ لاکھ انحراف کے باوجود مصنف روایت اور شعریات سے ہٹ کر کچھ نہیں لکھ سکتا۔
* انسان ایک خود مختار وجدانی حقیقت نہیں بلکہ ایک عمل ہے۔ ہر وقت زیر تشکیل مبنی بر تضاد اور تغیر آشنا ہے۔
* فوکو کے ہاں ڈسکورس کی بحث زیادہ ملتی ہے۔ ڈسکورس سے اُس کی مراد خیالات، رویے، موقف سبھی کچھ ہے۔ دیوانگی، جرائم یا جنس وغیرہ وہ کہتا ہے طاقت کا ڈسکورس سچ کی خدمت کے نام پر اجنبیت پیدا کرتی ہے لیکن گوپی چند کا اعتراض ہے کہ:

"فوکو اپنے ڈسکورس کی نظریاتی بنیادوں کو واضح نہیں کرتا۔ اور

خود فوکو کے ڈسکورس کا حق سوالیہ نشان بن کر رہ جاتا ہے۔"(۱۰)

* سماجی نظام جب زیادہ ضابطہ بند، زیادہ پیچیدہ ہو جائے تو نئی شعری زبان کے ذریعے انقلاب لایا جا سکے گا۔

ردِ تشکیل (De-Construction)

ردِ تشکیل کا آغاز ۱۹۶۶ء میں جانز ہاپکنز یونیورسٹی کے اُس مشہور بین الاقوامی سیمینار سے ہوا جو اگرچہ ساختیات کے مباحث کے لیے منعقد کیا گیا تھا لیکن ژاک دریدا کی موجودگی اور اُس کے مقالے سے یہی سیمینار آگے چل کر ردِ تشکیل کا نقطہ آغاز ثابت ہوا۔ ردِ تعمیر نقطہ نظر مابعد ساختیاتی رجحان ہے۔ اِس رجحان کے اہم ناقدین کرسٹوفارس، جوناتھن کلر اور مرے کرائیگر وغیرہ ہیں۔ ان سب کا تعلق امریکہ کی یونیورسٹیوں سے تھا۔ فرانس، امریکہ اور برطانیہ کے ادبی حلقوں میں ردِ تشکیل کے حق اور مخالفت میں نظریاتی اور عملی طور پر بہت کچھ لکھا جا رہا ہے لیکن بطور ادبی تنقیدی نظریے کے اِس کو قائم کرنے میں دریدا اور دی مان اور اِن کے اور جیفری ہارٹ من، جے پلس ملر اور بار بر اجانسن قابلِ ذکر ہیں۔

ردِ تشکیل کے اُصول و نظریات

* ردِ تعمیر ناقدین کے نزدیک شاعر کا تاریخی، سماجیاتی، نفسیاتی، اسلوبیاتی، ساختیاتی مطالعہ شاعر یا ادیب کے مطالعے کے مختلف طریقے ہیں۔ یہ کوئی نظریہ

نہیں بلکہ قاری کے مختلف ردِ عمل ہیں۔

* ہر اَدبی متن کے اپنے قبضہ معنی کو رَد کرنے کا مادہ خود اس کے اندر ہوتا ہے۔

* ردِ تعمیر کلچر، فلسفے اور ادبی معنوں کے روایتی مفروضے کو رَد کرتا ہے۔ وہ علامات پر تمثیل کو فوقیت دیتا ہے۔

* ردِ تعمیر زبان کے free play پر یقین رکھتا ہے۔ اُن کے نزدیک زبان میں کوئی اشاراتی معنی نہیں ہوتے بلکہ وہ لسانیاتی مترادفات کا آزاد استعمال free play ہے۔

* ردِ تعمیر روایات کو چیلنج کرتا ہے۔

شارب ردولوی لکھتے ہیں:

"برائی ایک آفاقی حقیقت ہے اور اچھائی اِس آفاقی حقیقت سے گریز۔ جیسے روشنی کو ہم مثبت اور تاریکی کو منفی مانتے ہیں اور عام طور پر کہتے ہیں کہ تاریکی روشنی کے غائب ہو جانے کی وجہ سے ہے لیکن ردِ تعمیر نقطہ نظر کے تحت تاریکی حقیقت اور روشنی اِس حقیقت کا نہ ہوتا ہے۔"(۱۱)

ردِ تشکیل تنقید پر اعتراضات بھی کیے گئے ہیں کہ یہ کسی ماورائی یا مطلق قدر سے وابستہ تھی۔ یہ بے قدر فلسفہ ہے، یہ تنقید اپنی اصلاحات اور تفہیم کے اعتبار سے تکرار کا شکار ہے۔ وغیرہ وغیرہ لیکن ڈاکٹر گوپی نارنگ ردِ تشکیل تنقید سے جو لذت حاصل کرتے ہیں اُس کا دائرہ کار وسیع ہے لکھتے ہیں:

"ردِ تشکیل معنی کی ایک لذت پر اکتفا نہیں کرتی بلکہ ہر لذت کی راہ کھلی رکھنا چاہتی ہے۔ حاضر لذت کی بھی، غائب لذت کی بھی اور اُس لذت ک

بھی جس پر پہرہ بٹھایا گیا ہے۔"(۱۲)

جدیدیت(Modernism)

مغرب میں جدیدیت کا زمانہ پہلی جنگ عظیم سے دوسری جنگ عظیم تک کا ہے جبکہ ہمارے یہاں اِس کا زمانہ ۱۹۶۰ء کے بعد کی دو ڈھائی دہائیوں تک کا ہے۔ ہمارے یہاں جدیدیت ترقی پسندی کے ردِ عمل کے طور پر آئی جبکہ مغرب میں جدیدیت روشن خیالی پروجیکٹ(Enlightenment Project)کا حصہ تھی اور مارکسیت اور ہومنزم سے الگ تھی۔

ڈاکٹر تبسم کاشمیری جدیدیت کی تعریف کرتے ہیں:

"جدیدیت ایک نئے تجرباتی دَور کا نام ہے ہر تجربہ کی حدود اُس کے عہد کے مسائل سے متعین ہوتی ہے۔"(۱۳)

جدیدیت کی ساری لہریں انسان پرستی کی فضا سے گزرتی ہیں۔ جدیدیت روایت کے باطن میں پیدا ہونے والی تبدیلی کی نشاندہی کرتی ہے۔ ڈاکٹر اسلم جمشید پوری لکھتے ہیں:

"جدیدیت دراصل ترقی پسند تحریک کی نفی کرتے ہوئے فرد کے داخلی کرب کا اظہار تھا۔ جس میں خارجیت سے داخلیت، افراد سے فرد، شور و غل سے خاموشی، بھیڑ سے تنہائی کی طرف سفر تھا۔"(۱۴)

اَدب اور فنونِ لطیفہ میں جدیدیت اپنا اظہار عقل پرستی کے بیانیہ میں کرتی ہے۔

ڈاکٹر گوپی چند وضاحت کرتے ہیں کہ:

"جدیدیت نے مذہب کے بجائے عقلیت، برادری کے بجائے انفرادیت، روحانیت کی بجائے مادیت، مابعد الطبیعات کے بجائے سائنس و ترقی کو ترجیح دی ہے۔"(۱۵)

جدیدیت کو پروان چڑھانے میں ڈارون، نطشے، فرائڈ، مارکس اور آئن سٹائن قابلِ قدر ہیں۔ یہ مفکرین ارفع مقصدِ زندگی کی ہو بہو عکاسی نہیں بلکہ اِس کا مطلب زندگی سے گریز گردانتے ہیں اور حقیقت پسندی کے بت کو توڑتے ہیں۔ تبدیلی کے خواہاں یہ مفکرین پرانے اور سست اور زرعی معاشرے کو مسترد کر کے ایسے معاشرے کو گلے لگاتے ہیں جن میں بیگانگی، اخلاقی گراوٹ اور زمینی انحطاط کے قطرات کلبلا رہے ہیں۔ رشید امجد لکھتے ہیں:

"ساٹھ کی جدیدیت کے آغاز کی بنیادی وجہ لسانی اور فنی امکانات میں توسیع و تبدیلی کے رویے سے وابستہ ہے۔ نئے لکھنے والے محسوس کرتے تھے کہ اب انھیں اظہار کے جدید طریقوں کو اپنانا پڑے گا۔"(۱٦)

جدیدیت کے نظریات

* ادب اظہارِ ذات ہے، فنکار کو اظہار کی پوری آزادی ہے۔
* جدیدیت نے فن پارے میں نظم و ضبط، درجہ بندی، منصوبہ بندی، خاکہ

پسند اور نقشہ جاتی نیز نظام مراتب پر توجہ دلائی ہے۔

* جدت پسند معرفت اور حکمت یعنی Logos پر کافی زور دیتے ہیں۔ نیز آراستگی اور تکمیلیت پر بھی اصرار کرتے ہیں۔

* ادب میں تخلیق یعنی (creation) سے جدیدیت کا بہت قریبی رشتہ ہے اور وہ تخلیق میں (Totalisation) یعنی کلیت کی حمایت کرتے ہیں۔

* جدیدیت علم معنی اور علمِ بیان پر بہت زور دیتی ہے۔

* جدیدیت میں صنف اور اُس کی حد بندی پر خاصی نظر ڈالی جاتی ہے اور فن پارے کا مطالعہ ایک مرکز یا محور کے اندر رہ کر کرنے پر اصرار کرتی ہے۔

* جدت پسند بیانیہ مہا بیانیہ، توضیح و تشریح، استعارے اور انتخابی عمل یعنی (selection) پر نگاہ ڈالتے ہیں اور فن پارے کی Root Depth میں جانا چاہتے ہیں۔

* جدیدیت کا مزاج یزدانی ہے یعنی (Good the Father) جدید سرمایہ داری ہی جدیدیت کا ادارہ ہے۔ جدیدیت کا آغاز اور اِس کا پیغام ٹیکنیکل اقتصادیات اور اُس کے متعلق اداروں میں دیکھا جا سکتا ہے۔ جدیدیت کی داخلی حرکیت جدید سیاسی ادارے میں جن میں بیوروکریسی پر مبنی ریاست ہے۔

سماجی کلچرل، پلورل ازم بھی جدیدیت کا اہم پہلو ہے۔ ٹیکنالوجی، بیوروکریسی اور اکثریت (Pluralism) جدیدیت کی نمایاں اداراتی خصوصیات میں پلورل ازم کا اوّلین سبب شہریت تھا اور دورِ جدید میں کثیر ذرائع ابلاغ اور عوام تعلیم ہیں ضمیر

علی بدایونی لکھتے ہیں:

"جدیدیت انسانی پرستی کا طویل بیانیہ ہے جو ختم ہو چکا ہے۔ سارتر کے فلسفے میں اِس کی آخری ہچکیاں سنائی دیں... جدیدیت کے ساتھ انسانی عہد بھی ختم ہو چکا ہے۔"(۱۷)

مابعد جدیدیت (Post-Modernism)

مابعد جدیدیت کا ایک ہی نظریہ ہے کہ نظریہ دیا ہی نہ جائے تاہم مابعد جدیدیت ایک فکری صورتِ حال ہے جسے لیوتاژ نے " Presentation of Un-Presentable" سے تعبیر کیا ہے یعنی حقیقت کے بعض ایسے اجزاء کی پیش جو بجائے خود پیشکش سے باہر ہوں اور تصور اور شے کا ایک ایسا رشتہ قائم کرنا جو بلندی اور عروج کا حامل ہو۔ مابعد جدیدیت عقلیت کی ایک نئی صورت گری ہے جو موجودہ عہد کا پتہ دیتی ہے۔ ڈاکٹر ناصر عباس نیر رقم طراز ہیں:

"مابعد جدیدیت تخلیق کی آزادی اور تکثیریت کا فلسفہ ہے جو مرکزیت یا وحدت یا کلیت پسندی کے مقابلے پر ثقافتی بو قلمونی، مقامیت، تہذیبی حوالے اور معنی دوہرے پن (The Other) کی تعبیر پر اور اُس تعبیر میں قاری کی شرکت پر اصرار کرتا ہے۔"(۱۸)

مابعد جدیدیت ایک فرانسیسی روایت ہے۔ رولاں بارتھ، چارلس جینکسن،

لیوتار، دریدا، مشل فوکو، لاکاں، لوئی آلتھیوسر، فریڈرک جیمسن، اہاب حسن، بوریدا، جولیا کرسٹیوا، ٹیری ایگلٹن، ہیبرماسن نے مابعد جدیدیت میں نئے تفکرات پیش کیے بعض نظریات کی توسیع بھی کی۔ڈاکٹر سلیم اختر لکھتے ہیں:

"مابعد جدیدیت بظاہر کوئی نظریہ نہیں ہے کیونکہ یہ اپنی اساس میں نظریہ مخالف کے برعکس ایک عدم نظریہ ہے... مابعد جدیدیت میں جدیدیت سے لے کر کلاسیکیت اور ساختیات سے لے کر مارکسزم تک ہر ایک کو ہضم کر کے اپنی شخصی و فکری تعین کا خاتمہ کر دیا ہے... یہ جدیدیت کے تسلسل میں اُس کی فکر، کمیوں اور خامیوں سے پیرا شدہ ایک اُلجھاؤ کی صورت ہے۔"(۱۹)

مابعد جدیدیت کی فکری صورتِ حال

* مابعد جدیدیت کسی بھی نظریے کو حتمی نہیں مانتی۔ یہ سرے سے نظریہ دینے کے خلاف ہے کیونکہ اِس سے تخلیقیت اور آزادی ختم ہو جاتی ہے۔
* کسی بھی نظام کی کسوٹی انسانی حقوق اور شخصی آزادی ہیں اگر یہ نہیں تو سیاسی آزادی نظر کا دھوکا ہے۔
* مابعد جدیدیت ہر طرح کی کلیت پسندی، فارمولا سازی اور ضابطہ بندی کے خلاف ہے۔ اِس کے مقابلے میں وہ کھلے ڈلے فطری، بے محابہ اور آزادانہ اظہار و عمل پر اصرار کرتی ہے۔

* مابعد جدیدیت کو مرحلہ جاتی کہا جاتا ہے۔ یہ کارکردگی پر زور دیتے ہیں اور اِس ضمن میں وقوع پذیر عوامل کا احساس لاتے ہیں۔ وہ سماج میں distance کے مقابلے میں participation کو خوبی سمجھتے ہیں۔

* مابعد جدیدیت اظہار میں آزادی اور لامرکزیت کے قائل ہیں، متن اور بین المتونیت کو اہمیت دیتے ہیں ردِ تخلیق اور ردِ تشکیل مابعد جدیدیت کے پسندیدہ عناصر ہیں۔

* مابعد جدیدیت جملوں کو نحوی ترتیب پر زور دیتے ہیں۔ Paradigm یعنی اسم و فعل کی گردان کے نقشے کھینچنے کے خلاف ہیں۔

* مابعد جدید مفکرین کامیابی اور ترقی کے لیے desire یعنی خواہش کا ہونا لازمی سمجھتے ہیں mutant یعنی ہر لحظہ تبدیلی کے خواہاں ہیں۔

* مابعد جدید مفکرین کسی عقیدے کے حامی نہیں۔ اِن کا مزاح اہرامنی یعنی The holy Ghost کا ہے۔ دُنیاوی ہے وہ تفریح، تماشا اور کھیل کود کو اہمیت دیتے ہیں۔

* مابعد جدید کا تعلق Signifire یعنی دال سے ہے اوراس سے مراد ایک صوتی تصویر ہے۔

* لیوتار نے جدیدیت کے پس بیانیوں (Meta Naratins) کی ردِ تشکیل کی ہے اور کہا ہے کہ جدیدیت نے شعریات کی جگہ لی ہے لیکن جدید ہونے کے لیے لیوتار مابعد جدید ہونے پر زور دیتا ہے۔ جدیدیت اور مابعد جدیدیت کا آپس میں کیا

رشتہ ہے؟ ضمیر علی بدایونی لکھتے ہیں:

"جدیدیت اور مابعد جدیدیت کا رشتہ ماں بیٹی کا نہیں۔ ساس اور بہو کا ہے۔ جس کے بارے میں چینیوں کا یہ قول بے حد دلچسپ ہے۔ 'جب میں بہو تھی تو ساس اچھی نہ ملی اور جب ساس بنی تو بہو اچھی نہ ملی۔، یہ صرف بدلتے رشتوں کا منظر نامہ نہیں بلکہ موقف اور نقطہ نظر کی تبدیلی کا احوال ہے۔"(۲۰)

٭٭

حوالہ جات

۱۔ جمیل جالبی، ڈاکٹر، ارسطو سے ایلیٹ تک، کراچی: نیشنل بک فاؤنڈیشن، ۱۹۷۵ء، ص ۴۲

۲۔ حامد کاشمیری، ڈاکٹر، تفہیم و تنقید: تنقیدی مقالات، لاہور: فینس بکس الوہاب مارکیٹ اُردو بازار، ۱۹۸۹ء، ص ۱۲۶

۳۔ شارب ردولوی، آزادی کے بعد دہی میں اُردو تنقید، دہلی: اُردو اکادمی ۱۹۹۱ء، ص ۱۰۵

۴۔ ایضاً، ص ۹۹

۵۔ گوپی چند نارنگ، ڈاکٹر، ساختیات پسِ ساختیات اور مشرقی شعریات، لاہور: سنگِ میل پبلی کیشنز، ۱۹۹۴ء، ص ۳۷

۶۔ شارب ردولوی، آزادی کے بعد دہی میں اُردو تنقید، دہلی: اُردو اکادمی ۱۹۹۱ء، ص ۱۰۰

۷۔ صفیہ عباد، ساختیات ایک تعارف، مشمولہ: تخلیقی ادب، شمارہ نمبر ۲، ڈاکٹر رشید امجد (مدیر) اسلام آباد: نیشنل یونیورسٹی آف ماڈرن لینگویجز، ۲۰۰۵ء، ص ۱۹۸

۸۔ گوپی چند نارنگ، ڈاکٹر (مرتب) اُردو مابعدِ جدیدیت پر مکالمہ (ادب کا بدلتا ہوا منظر نامہ)، لاہور: سنگِ میل پبلی کیشنز، ۱۹۹۴ء، ص ۱۹۸

۹۔ سلیم اختر، ڈاکٹر، تخلیق، تخلیقی شخصیات اور تنقید، لاہور: سنگِ میل پبلی کیشنز، ۱۹۸۹ء، ص ۵۶۱

۱۰۔ گوپی چند نارنگ، ڈاکٹر، ساختیات پسِ ساختیات اور مشرقی شعریات، لاہور: سنگِ میل پبلی کیشنز، ۱۹۹۴ء، ص ۱۱۳

۱۱۔ شارب ردولوی، آزادی کے بعد دہی میں اُردو تنقید، دہلی: اُردو اکادمی ۱۹۹۱ء، ص ۱۰۵

۱۲۔ گوپی چند نارنگ، ڈاکٹر (مرتب) اُردو مابعدِ جدیدیت پر مکالمہ (ادب کا بدلتا ہوا منظر نامہ)، لاہور: سنگِ میل پبلی کیشنز، ۱۹۹۴ء، ص ۸۹

۱۳۔ تبسم کاشمیری، ڈاکٹر، جدیدیت کیا ہے؟ مشمولہ: نئے شعری تجربے، لاہور: سنگِ میل پبلی کیشنز، ۱۹۷۸ء، ص ۱۵۳

۱۴۔ اسلم جمشید پوری، ڈاکٹر، جدیدیت اور اُردو افسانہ، دہلی: ماڈرن پبلشنگ ہاؤس، ۲۰۰۱ء، ص ۹

۱۵۔ گوپی چند نارنگ، ڈاکٹر (مرتب) اُردو مابعدِ جدیدیت پر مکالمہ (ادب کا بدلتا ہوا منظر نامہ)، لاہور: سنگِ میل پبلی کیشنز، ۱۹۹۴ء، ص ۸۹

۱۶۔ رشید امجد، ڈاکٹر، جدیدیت ایک جائزہ، مشمولہ: نقاط، شمارہ نمبر ۴، لاہور: شرکت پرنٹنگ پریس، نسبت روڈ، ۲۰۰۷ء، ص ۱۶

۱۷۔ ضمیر علی بدایونی، جدیدیت اور مابعد جدیدیت - ایک ادبی و فلسفیانہ مخاطبہ، کراچی: اختر مطبوعات، ۱۹۹۹ء، ص ۳۸۲

۱۸۔ ناصر عباس نیر، ڈاکٹر (مرتب) مابعد جدیدیت، اطلاقی جہات، لاہور: مغربی

پاکستان اُردو اکیڈمی، ۲۰۰۷ء، ص ۱۳

۱۹۔   سلیم اختر، ڈاکٹر، تخلیق، تخلیقی شخصیات اور تنقید، لاہور: سنگِ میل پبلی کیشنز، ۱۹۸۹ء، ص ۵۱۳

۲۰۔   ضمیر علی بدایونی، جدیدیت اور مابعد جدیدیت - ایک ادبی و فلسفیانہ مخاطبہ، کراچی: اختر مطبوعات، ۳۸۲

***